Longierabzeichen 5

Autorin:
Ute Schmidt wurde 1965 in Passau geboren. Auf dem elterlichen Anwesen war sie schon als Kind von vielen Tieren umgeben, darunter auch Arbeits- und Kutschpferde.
Unter Aufsicht des gestrengen Großvaters, der Rittmeister war, lernte sie schon von klein auf viel über Aufstallung, Gesunderhaltung und Fütterungstechniken.
Fundierten Reitunterricht bekam sie ab dem zehnten Lebensjahr in Dressur und Springen.

1996 zog sie nach Hamburg, wo sie sich ihren Traum von einer eigenen Reitschule erfüllte. Sie lebt mit ihrer Familie auf einem Resthof im Südosten von Hamburg, wo sie auf ihren Friesenpferden Kinder und Jugendliche unterrichtet.

Illustratorin:
Mirella Sperling

Titelfoto:
Ariane Lange

Copyright:
Ute Schmidt, Hamburg
Das Werk ist urheberrechtlich geschützt. Die dadurch begründeten Rechte, insbesondere der Übersetzung, des Nachdrucks, der Entnahme von Abbildungen, der Wiedergabe auf fotomechanischem oder ähnlichem Wege und der Speicherung in Datenverarbeitungsanlagen bleiben, auch bei nur auszugsweiser Verwertung, vorbehalten.

Bisher erschienen:
Reitabzeichen 4   ISBN - Nummer: 9783756215188
Reitabzeichen 5   ISBN - Nummer 9783746092966
Reitabzeichen 6   ISBN - Nummer 9783739243177
Reitabzeichen 7   ISBN - Nummer 9783739207667
Reitabzeichen 8   ISBN - Nummer 9783738637441
Reitabzeichen 9   ISBN - Nummer 9783734793226
Reitabzeichen 10   ISBN - Nummer 9783734761102
Reitabzeichen 10 (englisch) ISBN - Nummer: 9783748133483

Pferdeführerschein Umgang ISBN - Nummer 9783750437210
Pferdeführerschein Reiten ISBN – Nummer 9783751984218
Bodenarbeit Teil 1   ISBN - Nummer 9783746050133
Trainerassistent   ISBN - Nummer: 9783750435209

Ergänzendes Übungsmaterial in Form von Smartphone-Apps ist im Google Play Store erhältlich.

ISBN – Nummer: 978-3-7412-3745-4

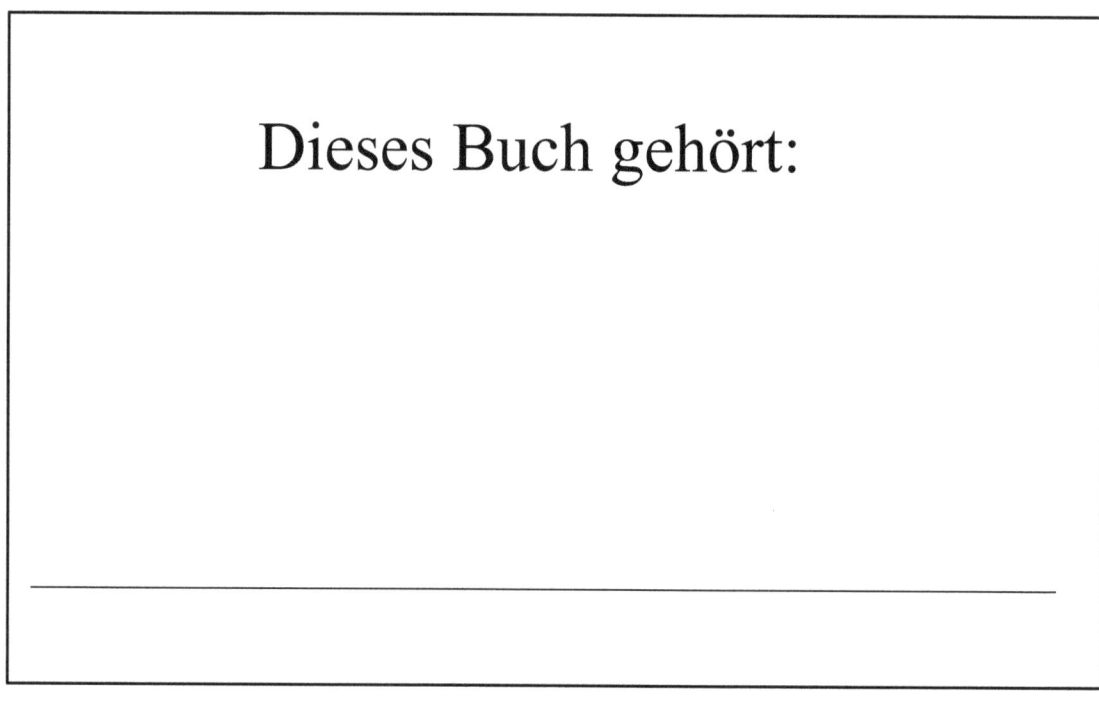

Inhaltsverzeichnis

Kapitel 1: Ziele der Longenarbeit 4

Kapitel 2: Räumlichkeiten zum Longieren 5

Kapitel 3: Ausrüstung des Longenführers 6

Kapitel 4: Ausrüstung des Pferdes 7

Kapitel 5: Hilfszügel 9

Kapitel 6: Anlegen der Longierleine 13

Kapitel 7: Umgang mit der Longierleine 14

Kapitel 8: Umgang mit der Longierpeitsche 16

Kapitel 9: Einsatz der Stimmhilfe 17

Kapitel 10: Zusammenwirken der Hilfen 18

Kapitel 11: Grundsätze des Longierens 19

Kapitel 12: Korrekte Gangarten 22

Kapitel 13: Skala der Ausbildung 25

Kapitel 14: Bodenricks und Stangenarbeit 30

Kapitel 15: Die Dreiecksbahn 31

Kapitel 16: Systematische Desensibilisierung 33

Kapitel 17: Tierschutzgesetz 34

Kapitel 18: Ethische Grundsätze Teil I und II 35

Kapitel 19: Bodenarbeit 37

Zielsetzung für eine Longiereinheit: 41

Praktische Prüfungen für das LA 5 42

Theoretische Prüfungen für das LA 5 43

Impressum 44

Kapitel 1: Ziele der Longenarbeit

🐴 Wie sind die Zulassungskriterien für den Erwerb des LA 5?	☐ Folgende Kriterien gelten: • Mitgliedschaft in einem Reitverein • Besitz des Pferdeführerscheins Umgang oder der Reitabzeichen RA 6 und RA 7
🐴 Welche Ziele möchte man durch Longenarbeit erreichen?	☐ Folgende Ziel erreicht man durch Longenarbeit: • Gewöhnung von jungen Pferden an Sattel und Trense • Unterstützung der Ausbildung des Pferdes zum Reit- oder Fahrpferd • Ausbildung des Pferdes ohne Belastung durch das Reitergewicht • Vorbereitung auf die Arbeit mit Bodenricks und dem Sprung • Erleichterung der Ausbildung bei Exterieur- und Interieurmängeln • Korrektur von Problempferden • Weiterführende Ausbildung des Pferdes anhand der Skala der Ausbildung • Bewegung des Pferdes nach Krankheit • Sitzschulung für den Reiter • Voltigiersport
🐴 Was ist das Exterieur eines Pferdes?	☐ Als Exterieur wird das äußere Erscheinungsbild und der Körperbau eines Pferdes bezeichnet. Das Exterieur bestimmt maßgeblich über die Verwendbarkeit des einzelnen Pferdes. Dabei werden Kopf, Ganasche, Hals, Widerrist, Rücken und Kruppe, als auch Beine und Hufe beurteilt.
🐴 Was ist das Interieur eines Pferdes?	☐ Als Interieur bezeichnet man die psychischen Eigenschaften und die Verhaltensweise der Pferde. Positive Eigenschaften sind z.B. Ausgeglichenheit, Gutmütigkeit, Nervenstärke, Intelligenz und gutes Sozialverhalten. Negative Eigenschaften sind z.B. Angst, Nervosität oder Charakterfehler wie Beißen, Schlagen und Verweigerung.

Kapitel 2: Räumlichkeiten zum Longieren

🐴 Wie groß ist der maximale Durchmesser des Zirkels beim Longieren?	☐ Der maximale Zirkel beträgt beim Longieren 12 Meter.
🐴 Wie groß muss demnach eine Longierhalle sein?	☐ Die Longierhalle soll einen Durchmesser von mindestens 12 Metern, aber maximal 16 Metern haben.
🐴 Wie groß sollte die Halle sein, wenn diese auch zum Voltigieren genutzt wird.	☐ Dann sollte die Halle einen Mindestdurchmesser von 18 Metern haben.
🐴 Kann man auch in einer Reithalle longieren?	☐ Ja, allerdings sollte ein zeitgleiches Reiten und Longieren aus Sicherheitsgründen unterbleiben.
🐴 Was beachtet man bezüglich des Hallenbodens?	☐ Man sollte immer wieder den Standort wechseln, um den Hallenboden zu schonen.
🐴 Was sind die Vorteile einer Longierhalle?	☐ Hier hat man eine äußere Begrenzung und mehr Ruhe. Das Pferd kann sich dadurch besser konzentrieren.
🐴 Was sind die Vorteile einer Reithalle?	☐ Eine Reithalle bietet mehr Flexibilität und Variationsmöglichkeiten für die Arbeit auf dem Kreisbogen.
🐴 Kann man auch auf Außenplätzen longieren?	☐ Ja, aber hier fehlt auch die äußere Begrenzung. Außerdem hat man mehr äußere Einflüsse und ist sehr vom Wetter abhängig.
🐴 Ist ein Longierplatz sinnvoll?	☐ Ja, man schont den Hallenboden und das Pferd kann sich an äußere Einflüsse gewöhnen. Allerdings ist man auch hier vom Wetter abhängig.
🐴 Wie sollte der Boden der Kreisbahn beschaffen sein?	☐ Der Boden sollte griffig und nicht zu tief sein. Die Kreisbahn muss regelmäßig gepflegt werden, damit keine tiefe Rinne entsteht. Nach außen sollte die Kreisbahn leicht ansteigen, um dem Pferd eine planes, also gerades Auffußen zu ermöglichen.
🐴 Warum ist das plane Auffußen so wichtig?	☐ Die Fesselgelenke sind für eine seitliche Drehbelastung nicht ausgerichtet. Auf Dauer kann dies zu Verschleiß führen. Ein häufiges Longieren auf zu kleinem Zirkel und zu hartem Boden begünstigen den Verschleiß!

Kapitel 3: Ausrüstung des Longenführers

🐴 Welche Ausrüstung benötigt der Longenführer?	☐ Der Longenführer benötigt sicheres Schuhwerk und Handschuhe, die die Handflächen schützen. Longiert man in Reitstiefeln, müssen vorher die Sporen abgemacht werden – Stolpergefahr!
🐴 Welche Longierleine wählt man?	☐ Die Longierleine sollte mindestens acht Meter lang sein und aus griffigen Gurt- oder Strickmaterial sein. Sie sollte keine Querstege und am Ende eine ca. 20 cm große Schlaufe haben. Am anderen Ende befindet sich ein Karabinerhaken.
🐴 Welche Longierpeitsche wählt man?	☐ Die Longierpeitsche hat einen leichten und biegsamen Stock, wobei sich am oberen Ende eine Schlaufe zur Befestigung der Peitschenschnur befindet. Die Länge wird auf den Bedarf ausgerichtet. Der Longenführer sollte aber mit ausgestrecktem Arm jederzeit das Pferd mit der Peitschenschnur erreichen können. Der Griff und das erste Drittel des Peitschenstocks sollten so schwer sein, dass zum restlichen Teil ein Gleichgewicht besteht.

Ordne folgende Begriffe zu:

Handarbeitsgerte max. 2,20m   Longierpeitsche Stab: 2 m/Schlag 2m

Handarbeitsgerte max. 1,80m   Teleskoppeitsche Stab: 3m/Schlag 5m

Kapitel 4: Ausrüstung des Pferdes

🐴 Welche Zäumung bekommt das Pferd zum Longieren?	☐ Grundsätzlich ein normales Reithalfter, da bei jeder Longenarbeit das Erreichen der Losgelassenheit an erster Stelle steht.
🐴 Was macht man mit den Zügeln?	☐ Sie werden abgenommen, da man in der Regel mit Hilfszügeln longiert. Wird das Pferd nur ablongiert, also für die Arbeit unter dem Sattel gelöst, kann man die Zügel auch verdrehen und mit dem Kehlriemen sichern.
🐴 Wie sieht ein Laufgurt aus?	☐ Der Laufgurt ist ca. 2 Meter lang und besteht aus Gurtmaterial oder Leder. Er wird über den Sattel verschnallt, damit die Sattelblätter beim Longieren nicht schlagen. Dazu muss man vorher die Steigbügel abnehmen.
🐴 Wie sieht ein Longiergurt aus?	☐ Der Longiergurt liegt direkt auf dem Pferdrücken und wird mit einer Satteldecke ergänzt. Er ist aus Leder- oder Gurtmaterial und hat auf beiden Seiten diverse Ringe und Ösen eingearbeitet, um möglichst viele Varianten für das Einschlaufen der Hilfszügel zu haben.

🐴 Wie sind die Abstände der Ringe am Longiergurt?	☐ Auf jeder Seite des Gurtes sind Ringe in mindestens 4 und maximal 10 cm Abständen eingearbeitet. Hier werden die Hilfszügel dann entsprechend eingeschlauft.
🐴 Welchen Gurt wählt man?	☐ Den Laufgurt benutzt man, wenn man das Pferd vor dem Reiten aufwärmen und lösen möchte. Für Korrekturen und zur Ausbildung wählt man den Longiergurt.
🐴 Was beachtet man, wenn man mit Sattel longiert?	☐ Hat man keinen Laufgurt, muss man die Steigbügel gut sichern.

Präge Dir das Sichern der Steigbügel gut ein!

🐴 Wie werden die Beine des Pferdes geschützt?	☐ Sowohl die Vorder- als auch die Hinterbeine sollten mit Gamaschen, Bandagen oder Streichkappen geschützt werden.

Kapitel 5: Hilfszügel

🐴 Welche Hilfszügel eignen sich zum Longieren?	☐ Der Ausbindezügel, der Laufferzügel und der Dreieckszügel. Es gibt noch weitere, aber die lernst Du später kennen.
🐴 Wie sieht ein Ausbindezügel aus?	☐ Ausbindezügel sind zwei Lederriemen, die auf einer Seite eine Verschnallung und auf der anderen Seite einen Karabinerhaken haben. Flexible Ausbindezügel sollte man vermeiden, da sich das Pferd damit nicht so leicht vom Gebiss abstoßen kann.
🐴 Wie legt man Ausbindezügel an?	☐ Die Verschnallung wird am Longiergurt in Höhe des Buggelenks befestigt, der Karabinerhaken wird am Trensenring eingehängt.
🐴 Wie findet man die korrekte Länge?	☐ Wenn das Pferd durch das Genick geht, sollte die Nasen-Stirn-Linie eine Handbreit vor einer gedachten Senkrechten stehen.
🐴 Wann wählt man Ausbindezügel?	☐ Damit soll das Pferd lernen, korrekt durch das Genick zu gehen und eine Anlehnung an die Longierleine zu finden.
🐴 Wann darf man die Hilfszügel anlegen?	☐ Die Hilfszügel dürfen erst angelegt werden, wenn das Pferd auf dem Longierplatz, bzw. der Halle angekommen ist. Sollte das Pferd auf dem Weg dorthin stürzen, kann es mit eingehängten Hilfszügeln nur schwer aufstehen. Des Weiteren sollte das Pferd dann zuerst mit lang eingeschlauften Hilfszügeln gelöst werden.

🐴 Wie sieht ein Dreieckszügel aus?	☐ Dreieckszügel haben an einem Ende eine Verschnallung dann teilen sie sich in zwei etwa zwei Meter lange Riemen auf. An den Enden ist auch jeweils eine Verschnallung.
🐴 Wie legt man einen Dreieckszügel an?	☐ Der Dreieckszügel wird zwischen den Vorderbeinen des Pferdes am Longiergurt befestigt. Man muss darauf achten, dass er mittig liegt, damit das Pferd an den Innenseiten der Beine nicht wund gescheuert wird. Danach teilt sich der Dreieckszügel auf, wird von innen nach außen durch je einen Trensenring geführt und an einem der Ringe am Longiergurt verschnallt. Auch hier gilt: Die Nasen-Stirn-Linie muss eine Handbreit vor einer gedachten Senkrechten sein!
🐴 Wann wählt man einen Dreieckszügel?	☐ Hier soll das Pferd lernen, in die Vorwärts-Abwärts-Dehnung zu kommen. Dabei muss man die Länge der Dreieckszügel immer wieder überprüfen. Sind sie zu lang, kommt das Pferd mit dem Kopf zu tief, sind sie zu kurz, kann sich das Pferd nicht an das Gebiss herandehnen.
🐴 Wie sieht ein Laufferzügel aus?	☐ Laufferzügel sind zwei ca. 2,50 m lange Lederriemen, die an den Enden je eine Verschnallung haben.
🐴 Wie legt man einen Laufferzügel an?	☐ Die Laufferzügel sind zwei Lederriemen, die an beiden Enden eine Verschnallung haben. Sie werden an der ersten Gurtstrippe befestigt, dann von innen nach außen durch den Trensenring geführt und an der Sattelöse befestigt. Auch hier gilt: Die Nasen-Stirn-Linie muss eine Handbreit vor der Senkrechten sein. Laufferzügel werden eher zum Longieren, als beim Reiten benutzt. Sie machen nur dann Sinn, wenn das Pferd bereits gut trainiert ist und in allen Gangarten und auf beiden Händen sicher in der Dehnungshaltung läuft.

🐎 Was ist der Vorteil eines Laufferzügels?	☐ Damit kann das Pferd, sofern es schon gelernt hat in allen drei Gangarten korrekt in der Dehnungshaltung zu bleiben, in die Versammlung trainiert werden. Das Dreieck gibt dem Pferd eine seitliche Begrenzung, mehr Stabilität und gibt ihm die Chance, sich an das Gebiss heran zu dehnen. Allerdings kann sich das Pferd im Vergleich zum Dreieckszügel nicht so gut vorwärts-abwärts dehnen, ohne dabei hinter die Nasen-Stirnlinie zu kommen. Je höher also der Laufferzügel eingeschlauft wird, desto weniger lässt er eine Dehnungshaltung zu. Je tiefer er eingeschlauft wird, desto stärker zwingt er das Pferd, den Kopf tiefer zu nehmen.
🐎 Wie wählt man die richtige Länge der Hilfszügel?	☐ Man muss einige Erfahrung mitbringen, um die Hilfszügel richtig einzustellen. Sowohl die Länge als auch die Höhe der Einstellung wirken sich oftmals gravierend auf das Pferd aus. Eine Korrektur während der Longenarbeit ist fast immer nötig.
🐎 Kann man beim Longieren auch auf Hilfszügel verzichten?	☐ Falls man das Pferd nur ablongiert, geht dies auch ohne Hilfszügel. Möchte man aber mit dem Pferd arbeiten und es an das Gebiss herantreten lassen, muss es wie beim Reiten eine Anlehnung finden.
🐎 Was versteht man unter einer Vorwärts-Abwärts-Dehnung?	☐ Bei einer Vorwärts-Abwärts-Dehnung wölbt sich der Hals des Pferdes in Verlängerung der Rückenlinie soweit nach vorne und nach unten, bis die Maulspalte auf Höhe des Buggelenkes ist. Die Stirnlinie bleibt dabei etwas vor der Senkrechten. Da diese Haltung für den Rücken des Pferdes sehr gesund ist, sollte man zu Anfang jeder Trainingseinheit diese Vorwärts-Abwärts-Dehnung anstreben. Des Weiteren werden die Balance des Pferdes und die Ausbildung des Rückenmuskels gefördert.

🐴 Was bedeutet der Begriff „Anlehnung"?	☐ Voraussetzung für die Anlehnung ist die Dehnungshaltung. Das Pferd wird in dieser Haltung versuchen, sich an das Trensengebiss heran zu dehnen und damit den Kontakt zum Longenführer herzustellen. Bei zu kurzer oder durchhängender Longierleine ist eine weiche Verbindung nicht möglich.
🐴 Was versteht man unter dem Begriff „Herandehnen"?	☐ Dabei lässt das Pferd Kopf und Hals fallen und dehnt sich vertrauensvoll an das Gebiss heran. Man fühlt dabei einen feinen, leichten Zug an der Longierleine.
🐴 Was bedeutet es, wenn sich ein Pferd „vom Gebiss abstößt"?	☐ Stößt sich ein Pferd vom Gebiss ab, verringert das Pferd bei jedem Schritt die Last auf das Gebiss. Das kann man fühlen, sofern man eine weiche Longenhand hat.
🐴 Was verstseht man unter dem Begriff „Aufrollen"?	☐ Wenn sich ein Pferd aufrollt, heißt das, dass es die Nase bis an die Brust nimmt und sich so dem Gebiss entzieht. Hier kann man mit leichten Paraden und gutem Treiben Abhilfe schaffen.
🐴 Was versteht man unter dem Begriff „auf das Gebiss legen"?	☐ Wenn sich ein Pferd auf das Gebiss legt, bedeutet das, dass es einen Teil seines Gewichts von Kopf und Hals auf das Gebiss legt und dann natürlich auch nicht mehr darauf kaut. Dieses Gewicht legt sich dann auf die Longierhand und eine weiche Verbindung zum Pferdmaul ist nicht mehr möglich.
🐴 Was bedeutet der Begriff „über die Schulter ausfallen"?	☐ Läuft ein Pferd auf einer gebogenen Linie, und es kommt keine äußerer Begrenzung durch einen Hilfszügel, wird das Pferd zu sehr gestellt und muss sich dann, um in der Balance zu bleiben, vermehrt auf die äußere Schulter stützen. Es sieht dann aus, als ob das Pferd taumelt.

Kapitel 6: Anlegen der Longierleine

🐴 Wie wird die Longierleine üblicherweise angebracht?	☐ Sie wird am inneren Gebissring unter dem angelegten Hilfszügel eingehakt. So ist eine weiche Verbindung zwischen Longierhand und Pferdemaul möglich.
🐴 Wie sieht die Kopflonge aus?	☐ Hier wird die Longierleine durch den inneren Trensenring über das Genick zum äußeren Ring geführt und dort eingehakt.
🐴 Wie wirkt die Kopflonge?	☐ Dem Pferd werden hier die Lefzen nach oben gezogen, worauf es den Kopf hoch nimmt oder dem Druck auf das Genick nach unten ausweicht.
🐴 Wie sinnvoll ist das Longieren am äußeren Trensenring?	☐ Hier wird die Longierleine durch den inneren Trensenring gezogen und am äußeren Ring eingehakt. Dadurch wird das Gebiss im Maul zusammengestaucht und gegen den Gaumen gedrückt. Das Gebiss kann sich auch verkanten.
🐴 Wie sinnvoll ist das doppelte Einhaken an Trensenring und Halfterring?	☐ Hier wird die Longierleine sowohl am inneren Trensenring als auch am Nasenriemen des hannoverschen Reithalfters eingehakt. Beim kombinierten Reithalfter wird die Longierleine im Sperrriemen zusätzlich mit eingehakt. Dies eignet sich für junge oder sehr empfindliche Pferde.
🐴 Wie sinnvoll ist das Befestigen der Longe am Longiergurt, auch Seitenlonge genannt?	☐ Hier wird die Longierleine durch den inneren Trensenring geführt und in Höhe des Buggelenks am Longiergurt eingehakt. Wählt man diese Methode muss man sehr einfühlsam sein, da das Pferd auf keinen Fall zusammengezogen werden darf. Ist dies der Fall, kommt es zur Verwerfung und das Pferd fällt leicht über die äußere Schulter aus.
🐴 Ist eine Longierbrille sinnvoll?	☐ Die Longierbrille verbindet die beiden Trensenringe unter dem Kinn des Pferdes. In der Mitte der Kinnkettengrube wird die Longierleine an einem dafür vorgesehenen Ring eingehakt. Hier drückt der äußere Trensenring gegen die Lefzen und das Gebiss wird auch hier gegen den Gaumen gedrückt.

Kapitel 7: Umgang mit der Longierleine

Welche Hilfen stehen dem Longenführer zur Verfügung?	☐ Er kann mit der Longierleine, der Peitsche und der Stimme Einfluss nehmen.
Wie wird die Longierleine richtig aufgenommen?	☐ Die Sicherheitsschlaufe wird zwischen Zeige- und Mittelfinger genommen um im Notfall die Longierleine sicher in der Hand zu haben. Dann greift man mit der Peitschenhand unter die Longierleine und legt die einzelnen Schlaufen gleichmäßig übereinander. Die Schlaufen sollten ca. 30 cm groß sein. Eine weitere Möglichkeit ist das verkürzende Aufnehmen der Schlaufen, wobei die nachfolgende Schlaufe immer um ca. 10 cm verkürzt wird.
Wie funktioniert das Herauslassen der Longierleine?	☐ Man muss bei jedem Handwechsel die Longierleine richtig herum aufnehmen. Dann wird die Longierleine langsam aus der Hand herausgelassen. Auf gar keinem Fall dürfen ganze Schläge fallen gelassen werden, da dies einen unangenehmen Ruck im Maul gibt. Das Herauslassen der Longierleine muss reibungslos und ohne Verdrehung oder Knoten funktionieren.
Wie weit darf man die Longierleine heraus lassen?	☐ Die Longierleine sollte niemals nur an der Endschlaufe gehalten werden, da diese bei Widersetzlichkeiten des Pferdes zum Entgleiten der Longierleine oder zu Verletzungen des Longenführers führen können.
In welcher Hand hält man die Longierleine?	☐ Longiert man auf der linken Hand, hält man die Longierleine in der linken Hand und umgekehrt.

🐴 Welche Aufgabe hat die Longierleine?	☐ Die Longierleine führt und stellt das Pferd. Dabei ist es wichtig dass die Longierhand leicht vor dem Pferdemaul steht, was durch den leicht seitlich abgewinkelten Ellbogen, der am Körper anliegt, erreicht wird.
🐴 Wie hält man die Hand beim Longieren?	☐ Die Hand steht aufrecht, ohne das Handgelenk zu stark abzuwinkeln. Unterarm, Handrücken und Longierleine bilden zum Pferdemaul eine gerade Linie.
🐴 Wie werden Paraden gegeben?	☐ Paraden werden durch leichtes Annehmen und Nachgeben aus dem lockeren Handgelenk heraus gegeben.
🐴 Welche Fehler treten häufig bei der Handhabung der Longe auf?	☐ Folgende Fehler können auftreten: • Eine zu steife Arm- und Handhaltung behindert den Bewegungsrhythmus des Pferdes. • Eine durchhängende Longierleine gibt dem Pferd keine Anlehnung und ist auch gefährlich, da sowohl Pferd als auch Longenführer in die Longierleine treten könnten. • Eine zu stramme Verbindung verhindert Takt, Losgelassenheit und Anlehnung. • Ein falsches Aufnehmen der Longierleine verhindert ein gleichmäßiges Abwickeln, was scharf auf das Pferdemaul wirkt. Außerdem kann sich der Longenführer verletzen wenn sich die Hand in der Longierleine verfängt. • Ein unkontrollierter Standortwechsel des Longenführers innerhalb des Zirkels erschwert die federnde Anlehnung des Pferdes an die Longierleine.

Kapitel 8: Umgang mit der Longierpeitsche

🐴 In welcher Hand hält man die Longierpeitsche?	☐ Auf der linken Hand wird die Peitsche in der rechten Hand gehalten und umgekehrt.
🐴 Warum braucht man eine Longierpeitsche?	☐ Sie dient auf keinem Fall zum Strafen, sondern ausschließlich als treibende Hilfe.
🐴 Wie wird die Longierpeitsche zum Treiben eingesetzt?	☐ Man berührt das Pferd mit der Schnurspitze in unterschiedlichen Höhen an der Hinterhand.
🐴 Wie kann man die Longierpeitsche noch einsetzten?	☐ Man kann durch das Berühren des Sprunggelenkes eine vermehrte Beugung des Hinterbeines erzielen.
🐴 Welche Möglichkeit gibt es noch?	☐ Durch das Berühren an der Mittelhand hat man eine heraustreibende Hilfe.
🐴 Darf man die Longierpeitsche als Hilfe allein einsetzen?	☐ Nein, es muss immer die Stimme begleitend eingesetzt werden.
🐴 Darf man die Longierpeitsche am Kopf des Pferdes einsetzen?	☐ Auf keinen Fall, da man das Pferd sonst kopfscheu macht und es außerdem verletzen könnte.
🐴 Darf man mit der Longierpeitsche knallen oder zischen?	☐ Nein, denn dadurch verliert das Pferd das Vertrauen zur Peitsche.
🐴 Wie hält man die Longierpeitsche beim Handwechsel?	☐ Nachdem man das Pferd angehalten hat, klemmt man sich die Peitsche mit der Spitze nach hinten unter den Arm, der nach dem Handwechsel die Peitsche halten wird und geht dann auf das Pferd zu. Dabei nimmt man mit ruhigem Oberkörper die Longierleine korrekt auf und hält dabei immer Blickkontakt zum Pferd.
🐴 Welche Fehler kann man häufig im Umgang mit der Peitsche sehen?	☐ Häufige Fehler beim Einsatz der Peitsche: • Ablegen der Peitsche auf dem Boden • Berühren des Pferdes am Kopf • Lautes Knallen oder Zischen • Bestrafung durch die Peitsche

Kapitel 9: Einsatz der Stimmhilfe

🐴 Warum braucht man die Stimme beim Longieren?	☐ Sie ist eine unterstützende Hilfe, die sowohl eine treibende, bzw. auffordernde, aber auch eine verhaltende bzw. beruhigende Wirkung haben kann.
🐴 Wie gebraucht man die Stimme?	☐ Der Longenführer muss Tonfall und Wort konsequent über einen längeren Zeitraum beibehalten, damit sich das Pferd daran immer wieder orientieren kann.
🐴 Welche Worte gebraucht man zum Longieren?	☐ Die üblichen Kommandos sind Halt, Scheritt, Terab und Galopp. Mann kann zum Anhalten auch das ruhige und tiefe „Brrr" einsetzen.
🐴 Kann man ein Pferd nur über die Stimme longieren?	☐ Die Stimme ist nur eine begleitende Hilfe, an der sich ein Pferd zwar orientiert, für die gymnastizierende Arbeit ist die Peitsche jedoch unerlässlich.
🐴 Wie oft setzt man die Stimme beim Longieren ein?	☐ Sie sollte nur mit geringem Aufwand eingesetzt werden, da häufiges Zurufen andere Reiter und Pferde stört und das eigene Pferd auch abstumpfen kann.
🐴 Wie gebraucht man die Stimmhöhe?	☐ Zum Auffordern wird die Stimme kurz und schärfer im Tonfall, zur Beruhigung eher gesenkt.
🐴 Häufige Fehler im Einsatz der Stimme sind:	☐ Häufige Fehler beim Einsatz der Stimme: • Zu lauter oder ständiger Gebrauch der Stimme. • Zu wenig oder zu leiser Gebrauch der Stimme. • Außenstehende geben Stimmhilfen. • Die Stimmhilfe wird immer gleich laut und in gleicher Betonung gegeben.

Kapitel 10: Zusammenwirken der Hilfen

🐴 Nenne die vier Grundsätze der Hilfengebung!	☐ Die Grundsätze lauten: • Konsequenz in den Hilfen • Abstimmung der Dosierung der Hilfen • Zeitliche Zusammenwirkung der Hilfen • Durchsetzen der Hilfen
🐴 Was erreicht man durch richtige Hilfengebung?	☐ Man kann an der Longe die Kriterien der Ausbildungsskala festigen und fördern.
🐴 Was beachtet man bezüglich der Hilfengebung bei jedem Übergang?	☐ Man bereitet das Pferd mit einer halben Parade auf die neue Aufgabe vor. Als Hilfen dienen die Logierleine, die Longierpeitsche und die Stimme.
🐴 Wie gestaltet man den Übergang in eine höhere Gangart?	☐ Zeitgleich mit der treibenden Peitschenhilfe kommt die entsprechende Stimmhilfe. Die Stimme wird dafür angehoben. Zum Angaloppieren muss der Longenführer eine sichere Anlehnung zum Pferdemaul haben und das Pferd auch leicht nach innen gestellt haben. Der Galoppsprung wird auch hier durch ein leichtes Nachgeben aus der Longierhand herausgelassen.
🐴 Wie gestaltet man den Übergang in eine niedrigere Gangart?	☐ Man gibt eine annehmende und nachgebende Hilfe mit der Longierleine, die mit der Stimmhilfe kombiniert wird. Die Stimme wird dabei gesenkt.
🐴 Wie gestaltet man das Verstärken innerhalb einer Gangart?	☐ Longierpeitsche und Stimme kommen treibend zum Einsatz, eventuell auch dosiertes Schnalzen oder Anheben der Stimme.
🐴 Wie gestaltet man das Zurückführen innerhalb einer Gangart?	☐ Auch hier kurzes Annehmen und Nachgeben der Longierleine mit entsprechender Stimmhilfe. Die Stimme wird gesenkt, eventuell auch ein mehrfaches Brrr. Die treibende Peitschenhilfe sollte aber nicht wegfallen, da die Hinterbeine weiterhin in Richtung Schwerpunkt einfußen müssen.
🐴 Was gilt für die gesamte Longierdauer?	☐ Das Pferd muss ständig das Gefühl haben, von den Hilfen (Longierleine und Longierpeitsche) eingerahmt zu werden. Dazu bilden die Hilfsmittel zusammen mit Longenführer und Pferd ein Dreieck.

Kapitel 11: Grundsätze des Longierens

Was sollte schon vor dem Longieren beachtet werden?	☐ Der Longenführer sollte vor Beginn der Arbeit seine Ausrüstung auf Vollständigkeit und den Longierplatz auf seine Tauglichkeit hin überprüfen. Der Longierplatz sollte mit dem Pferd in Ruhe betreten werden.
Was beachtet man bezüglich der Hilfszügel?	☐ Sie werden noch nicht am Trensenring befestigt, da das Pferd noch nicht gelöst ist. Die Enden der Hilfszügel müssen am Gurt gesichert sein damit diese nicht gegen die Pferdebeine schlagen oder das Pferd sich an Gegenständen oder Türen verhakt.
Wie führt man das Pferd mit Longierleine?	☐ Die aufgerollte Longierleine wird zum Führen benutzt. Die linke Hand hält die Longierpeitsche mit der eingerollten Peitschenschnur.
Wie wird anlongiert?	☐ Man bringt das Pferd auf der Mitte des Platzes zum Halten wo es nachgegurtet und ausgebunden wird. Anlongiert wird aus einer Vorhandwendung heraus, um bei übermütigen Pferden nicht getreten zu werden.
Wo befinden sich beim Ausbinden und Nachgurten Longierleine und Peitsche?	☐ Man muss beides in der Hand behalten. Das Ablegen der Peitsche auf dem Boden kann leicht zu Unfällen führen, da das Pferd sich durch das Aufheben der Peitsche erschrecken könnte.
Was kann man tun, wenn das Pferd beim Ausrüsten zum Anlongieren nicht ruhig steht?	☐ In diesem Fall sollte man sich auf jeden Fall Hilfe holen.
Auf welcher Hand wird zuerst longiert?	☐ Auf der Hand, auf der dem Pferd die Arbeit leichter fällt. Üblicherweise ist dies die linke Hand.
Wie funktioniert das Herauslongieren?	☐ Der Longenführer steht an der Schulter des Pferdes. Nach der Vorhandwendung wird das Pferd mit Hilfe der Stimme und Peitsche nach außen getrieben.
Wie wird das Pferd anlongiert?	☐ Am Anfang wird das Pferd etwa zehn Minuten lang im Schritt und mit ganz langen oder auch ohne Ausbindezügel longiert.
Was gilt grundsätzlich für die Länge der Hilfszügel?	☐ Das Pferd sollte in dieser Phase immer mit der Stirnlinie deutlich vor der Senkrechten sein.
Wie ist die korrekte Länge der Hilfszügel in der Arbeitsphase?	☐ Tritt das Pferd an das Gebiss heran, können die Hilfszügel verkürzt werden. Dabei kann der innere Hilfszügel kürzer verschnallt werden, um dem Pferd eine leichte Innenstellung zu geben.

🐴	Wann macht man einen Handwechsel?	☐ Nach einigen Gangartwechseln erfolgt ein Handwechsel.
🐴	Was tut man, wenn das Pferd nach dem Anhalten in den Zirkel läuft?	☐ Das Pferd sollte lernen, auf dem Zirkel anzuhalten. Gelingt dies nicht, kann der Longenführer die Longe etwas verkürzen und eine halbe Parade geben. Wirkt dies nicht, holt man sich Hilfe und übt fleißig.
🐴	Was tut man, wenn das Pferd sich auf der Kreisbahn dem Longenführer zuwendet?	☐ Man longiert das Pferd entlang einer Begrenzung, wie zum Beispiel Strohballen und übt mit ihm immer wieder das korrekte Anhalten. Der Longenführer braucht dafür viel Geduld und Ruhe und holt sich eventuell auch eine Hilfsperson.
🐴	Wie wird die Longierleine korrekt umgeschnallt?	☐ Man hält das Pferd auf dem Hufschlag an, klemmt die Peitsche unter den Arm und geht darauf zu. Dabei nimmt man die Longierleine auf. Danach schnallt man die Longe um und verändert auch die Hilfszügel entsprechend. Durch ein leichtes Berühren der Peitsche des Sprunggelenks wird das Pferd veranlasst, eine Vorhandwendung auszuführen. Der Longenführer selbst geht rückwärts-seitwärts zu seinem Platz im Mittelpunkt des Zirkels.
🐴	Wie kann man das Pferd beim Umschnallen der Longierline sichern?	☐ Bei unruhigen Pferden zieht man, bevor man die Longierleine abnimmt eine Schlaufe durch den äußeren Trensenring und sichert damit das Pferd. So wird ein eventuelles Losstürmen unterbunden.
🐴	Welche Möglichkeit gibt es noch für einen Handwechsel?	☐ Das Pferd wird auf dem Hufschlag zum Halten gebracht. Der Longenführer tritt an das Pferd heran und führt es in die Mitte des Zirkels, wo die Vorhandwendung ausgeführt wird. Diese Methode eignet sich gut für junge Pferde.
🐴	Wo sollte der Standort des Longenführers sein?	☐ In der Regel in der Mitte des Zirkels, da ein Mitgehen eher für Unruhe beim Pferd sorgt. Anders ist es allerdings, wenn der Zirkel bewusst verlagert werden soll, oder die Aufmerksamkeit des Pferdes verstärkt werden muss. Auch das Üben im Geradeaus oder das Überprüfen der Anlehnung können Gründe für ein Mitgehen sein.

🐴 Wann beginnt die Arbeitsphase?	☐ Wenn auf beiden Händen alle drei Gangarten geregelt und gelöst abgefragt werden können.
🐴 Was sollte der Longenführer bedenken?	☐ Er muss für jede Longenarbeit ein Ziel setzen und die Arbeit mit dem Pferd darauf ausrichten. Ziele können z.B. Verbesserung der Übergänge in einer Gangart sein, der Wechsel zwischen den Gangarten oder auch nur das Erreichen von Takt und Losgelassenheit.
🐴 Wie lange soll die Longenarbeit dauern?	☐ Nicht länger als 30 Minuten, wobei ein häufiger Handwechsel wichtig ist.
🐴 Wie beendet man die Longenarbeit?	☐ Am Ende geht das Pferd immer Schritt mit verlängertem oder ausgehaktem Hilfszügel. Zum Schluss das Loben nicht vergessen.
🐴 Lateralität und natürliche Schiefe eines Pferdes – was ist zu bedenken?	☐ Longiert man ein Pferd, muss man auch die Schiefe und die Lateralität des Pferdes bedenken. Pferde haben eine „starke" und eine „schwache" Hand. Dies wird oft auch als „hohle Seite" und „Zwangseite" bezeichnet. Ziel sollte es sein, die schwache bzw. Zwangseite bewusst zu trainieren und damit das Pferd besser gerade zu richten.
🐴 Wie entsteht die Schiefe beim Pferd?	☐ Die natürliche Schiefe des Pferdes entsteht durch eine asymmetrische Entwicklung des Körperbaus, also der Knochen, Bänder, Sehnen und Gelenke. Dies kann schon beim Wachstum entstehen oder später durch zu einseitige Belastungen.
🐴 Wie erklärt sich die Lateralität?	☐ Lateralität wird auch Händigkeit genannt. Man unterscheidet hier die motorische und die sensorische Lateralität.
🐴 Was ist die motorische Lateralität?	☐ Hier nutzt das Pferd bevorzugt die Beine einer bestimmten Körperhälfte – ähnlich wie beim Menschen, der lieber seine linke oder rechte Hand nutzt. Pferde sind häufig „Linkshänder".
🐴 Was ist die sensorische Lateralität?	☐ Hier nutzt das Pferd vermehrt die Sinnesorgane einer Kopfhälfte - wie Augen, Ohren und Nüstern - um seine Umgebung zu erkunden.
🐴 Wann ist ein Pferde gerade gerichtet?	☐ Ein Pferd ist gerade gerichtet, wenn die gleichseitigen Vorder- und Hinterbeine auf einer Linie laufen.

Kapitel 12: Korrekte Gangarten

Was sind die Grundgangarten des Pferdes?	☐ Schritt, Trab und Galopp.
Wie ist der Takt im Schritt?	☐ Der Schritt ist ein Viertakt in 8 Phasen.
Wie ist die Fußabfolge im Schritt?	☐ Alle vier Pferdebeine bewegen sich einzeln nach vorne. Zum Beispiel: Vorne links, hinten rechts, vorne rechts, hinten links.
Was gibt es für unterschiedliche Tempi im Schritt?	☐ Es gibt den Mittelschritt, den starken Schritt und den versammelten Schritt.
Wie sieht der Mittelschritt aus?	☐ Das ist der natürliche Schritt des Pferdes. Dabei fußt das Pferd über den Vorderfuß ein. Das Pferd schreitet, und es kommt zur Nickbewegung.
Wie sieht der starke Schritt aus?	☐ Die Schritte sind hierbei noch raumgreifender. Das Vor- und Einfußen ist deutlich ausgeprägter.
Wie sieht der versammelte Schritt aus?	☐ Beim versammelten Schritt befindet sich das Pferd auf der Ausbildungsskala bereits bei der Versammlung. Es nimmt mehr Last auf die Hinterhand auf, beugt die Hanken. Die Nickbewegung entfällt dadurch.
Wie ist der Takt im Trab?	☐ Im Trab ist es einen Zweitakt in 4 Phasen.
Wie ist die Fußfolge im Trab?	☐ Im Trab bewegen sich die diagonalen Beinpaare im Wechsel nach vorne. Zum Beispiel: Vorne links und hinten rechts gleichzeitig, danach vorne rechts und hinten links gleichzeitig. Dazwischen liegt immer eine Schwebephase.
Was gibt es für unterschiedliche Tempi im Trab?	☐ Es gibt den Arbeitstrab, Mitteltrab, versammelten und starken Trab.
Wie sieht der Arbeitstrab aus?	☐ Der Arbeitstrab ist fleißig, ohne zu eilen. Das Pferd fußt ein oder leicht darüber.
Wie sieht der Mitteltrab aus?	☐ Um den Mitteltrab zu erreichen, kann man Tritte-Verlängern. Das heißt, die Hinterhand ist dabei schon aktiver. Der Raumgriff wird größer, das Pferd fußt über. Die Nasen-Stirn-Linie ist dabei deutlich vor der Senkrechten.

🐴 Wie sieht der versammelte Trab aus?	☐ Die Trabtritte werden kürzer, das Pferd fußt ein. Die Hanken werden mehr gebeugt.
🐴 Wie sieht der starke Trab aus?	☐ Das Pferd muss hierfür ebenfalls bei der Versammlung angekommen sein. Es fußt weit über, beugt die Hanken und zeigt den größtmöglichen Raumgriff und Schwung.
🐴 Wie ist der Takt im Galopp?	☐ Galopp ist ein Dreitakt in 6 Phasen.
🐴 Wie ist die Fußabfolge im Galopp?	☐ Je nachdem, ob das Pferd im Rechts- oder Linksgalopp läuft, bewegen sich die Beine wie folgt: Linksgalopp: rechter Hinterfuß, dann linker Hinterfuß zusammen mit rechtem Vorderfuß, dann linker Vorderfuß und umgekehrt. Dazwischen ist immer eine Schwebephase.
🐴 Welche Tempi gibt es im Galopp?	☐ Es gibt Arbeitsgalopp, Mittelgalopp, versammelten und starken Galopp.
🐴 Wie sieht der Arbeitsgalopp aus?	☐ Der Arbeitsgalopp soll taktrein, fleißig und schwungvoll sein. Der Raumgriff beträgt ungefähr 2,5 bis 3 Meter.
🐴 Wie sieht der Mittelgalopp aus?	☐ Durch Sprünge -Verlängern kann man den Mittelgalopp einleiten. Dieser ist raumgreifender.
🐴 Wie sieht der versammelte Galopp aus?	☐ Die Sprünge werden wieder kleiner. Die Hinterhand tritt mehr unter den Schwerpunkt. Das Pferd richtet sich vorne auf, und man hat den Eindruck, dass das Pferd leicht bergauf läuft.
🐴 Wie sieht der starke Galopp aus?	☐ Dabei erreicht das Pferd seinen maximalen Raumgriff, wird aber nicht eiliger. Auf der Kreisbahn sollte der starke Galopp nicht longiert werden, da er die Gelenke zu stark belastet.
🐴 Was bedeutet der Begriff Phase?	☐ Eine Phase beschreibt jede Bewegung der Pferdebeine innerhalb der jeweiligen Gangart. Nicht nur das Abfußen, sondern auch das Anheben und auch das Schweben bezeichnen eine Phase.
🐴 Was ist eine Schwebephase?	☐ Die Schwebephase ist der Moment, in dem kein einziges Pferdebein den Boden berührt. Dies ist nur im Trab und im Galopp möglich.

🐴 Was ist ein Handgalopp?	☐ Longiert man auf der rechten Hand, so sollte das Pferd auch in einem Rechtsgalopp angaloppieren und umgekehrt. Das ist dann der sogenannte Handgalopp. Man bezeichnet ihn auch als Innengalopp.
🐴 Was ist ein Außengalopp?	☐ Im Grunde ist der Außengalopp das Gegenteil vom Handgalopp. Longiert man auf der rechten Hand und das Pferd galoppiert auf der linken Hand an, so bezeichnet man dies als Außengalopp. Dies ist unbedingt zu vermeiden und sofort zu korrigieren!
🐴 Was ist ein Kreuzgalopp?	☐ Beim Kreuzgalopp läuft das Pferd vorne im Linksgalopp und hinten im Rechtsgalopp, oder umgekehrt. Dies ist für das Pferd schädlich und muss auch auf jeden Fall vermieden werden.
🐴 Was versteht man unter dem Begriff "Tempowechsel" innerhalb einer Gangart?	☐ Damit wird das Verlängern oder Verkürzen der Schritte, Trabtritte oder Galoppsprünge bezeichnet.

Präge Dir die Phasen der einzelnen Gangarten ein!

Schritt	Trab	Galopp

Kapitel 13: Skala der Ausbildung

Was ist die Skala der Ausbildung?	☐ Die Skala der Ausbildung ist eine Richtschnur zur Ausbildung des Pferdes, sowohl an der Longe als auch unter dem Reiter.
Was beinhaltet die Skala der Ausbildung?	☐ Die Skala der Ausbildung beinhaltet verschiedene Lern- bzw. Trainingsziele, die zu einem perfekten Zusammenspiel von Pferd und Reiter führen.
Die erste Stufe ist der Takt. Was bedeutet Takt?	☐ Takt ist das Gleichmaß der Bewegung des Pferdes.
Wie erreiche ich den Takt beim Pferd?	☐ Takt entsteht durch Gewichts- und Schenkelhilfen und einer gleich bleibenden Anlehnung an den Zügel.
Die zweite Stufe ist die Losgelassenheit. Woran erkenne ich, dass mein Pferd losgelassen ist?	☐ Das Pferd geht in die Dehnungshaltung, der Schweif pendelt locker, es schnaubt, kaut auf dem Gebiss und macht einen zufriedenen Eindruck. Der Rücken schwingt frei, und das Pferd stärkt damit seinen langen Rückenmuskel.
Wie erreiche ich, dass das Pferd losgelassen ist?	☐ Das Pferd wird sich nur lösen, wenn der Longenführer ausgeglichen ist und auch in kritischen Situationen die Ruhe bewahrt. Wir beachten, dass die Hilfszügel länger verschnallt sind und das Pferd in ruhiger Umgebung zwanglos die drei Grundgangarten auf beiden Händen absolvieren kann, um die Muskulatur zu erwärmen. **Merke: Ohne Takt und Zwanglosigkeit gibt es keine Losgelassenheit!**
Die dritte Stufe ist die Anlehnung. Was bedeutet das?	☐ Voraussetzung für die Anlehnung ist die Dehnungshaltung. Das Pferd wird in dieser Haltung versuchen, sich an das Trensengebiss heran zu dehnen und damit den Kontakt zum Longenführer über die Longierleine herzustellen. Bei zu kurzer oder durchhängender Longierleine ist eine weiche Verbindung nicht möglich. Eine gute Anlehnung erfühlt der Longenführer mit einer weich-hinhaltenden Hand.

🐴 Hier endet die erste Phase der Ausbildungsskala. Wie nennt man diese Phase?	☐ Dies ist die Gewöhnungsphase, in welcher sich das Pferd an den Reiter, an die Umgebung, an die Anforderungen und auch an die Ausrüstung gewöhnt. **Merke: Hier endet die Ausbildungsmöglichkeit des Pferdes an der einfachen Longe.**
🐴 Die vierte Stufe ist der Schwung. Wie entsteht Schwung?	☐ Schwung kann das Pferd nur erreichen, wenn es mit der Hinterhand kräftig abfußt und weit unter den Bauch untertritt. Damit entwickelt es die nötige Schub- und Tragkraft.
🐴 Wo ist der Unterschied zwischen Schubkraft und Tragkraft?	☐ Schubkraft hat jedes Pferd in der Hinterhand, Tragkraft muss trainiert werden. Die Schubkraft ergibt den Schwung nach vorne, die Tragkraft braucht das Pferd um sich auszubalancieren.
🐴 Wie erkenne ich Schwung beim Pferd?	☐ Die Schritte, Trabtritte bzw. Galoppsprünge werden verlängert, das heißt, der Abstand zwischen dem Auffußen der Vorder- und Hinterbeine des Pferdes wird vergrößert. Dabei soll das Pferd aber nicht schneller werden, bzw. eilen.
🐴 Wie erreicht man den Schwung beim Pferd?	☐ Indem man das Pferd mit treibenden Hilfen dazu veranlasst, vermehrt die Hinterhand einzusetzten, ohne dass das Pferd dabei zu eilig wird. Im Gegenzug muss vorne eine gute Anlehnung vorhanden sein, um die Tragkraft nicht zu verlieren. Dabei muss für jedes Pferd das richtige Tempo gefunden werden.
🐴 Die fünfte Stufe ist das Geraderichten. Woran erkennt man, ob das Pferd gerade oder schief ist?	☐ Alle Pferde sind von Natur aus schief – vorwiegend sind sie auf die linke Seite gebogen. Diese natürliche Schiefe soll korrigiert werden. Ist das Pferd geradegerichtet, befinden sich die Vorder- und Hinterbeine auf einer Linie.
🐴 Hier endet die zweite Phase der Skala der Ausbildung. Welche Punkte beinhaltet diese Phase?	☐ Zu dieser zweiten Phase gehören Losgelassenheit, Anlehnung, Schwung und Geraderichten.
🐴 Wozu dienen diese vier Punkte?	☐ Damit wird die Schubkraft des Pferdes trainiert.

🐴 Die sechste Stufe ist die Versammlung. Woran erkennt man die Versammlung?	☐ Die Versammlung ist die höchst mögliche Leistung des Pferdes. Dabei nimmt das Pferd das Eigengewicht und das Reitergewicht durch Hankenbeugung und vermehrtes Untertreten auf. Dadurch wird das Pferd in der Vorderhand leichter, und man hat das Gefühl, dass das Pferd bergauf läuft.
🐴 Was ist eine Hankenbeugung?	☐ Dabei sind die drei großen Gelenke der Hinterhand vermehrt gebeugt, welche da sind: Hüftgelenk, Kniegelenk und Sprunggelenk.

Beschrifte die drei an der Hankenbeugung beteiligten Gelenke!

🐴 Damit ist die letzte Phase der Ausbildungsskala erreicht. Welche Schritte führen zur Ausbildung der Tragkraft?	☐ Die letzten drei Punkte der Skala, nämlich Schwung, Geraderichten und Versammlung.
🐴 Wozu führt die Arbeit anhand der Ausbildungsskala, wenn man alle Punkte erarbeitet hat?	☐ Sie führt zur größtmöglichen Durchlässigkeit des Pferdes.
🐴 Was bedeutet Durchlässigkeit?	☐ Ein Pferd ist dann durchlässig, wenn es zwanglos alle Hilfen des Reiters seinem Ausbildungsstand entsprechend annimmt.

Skala der Ausbildung

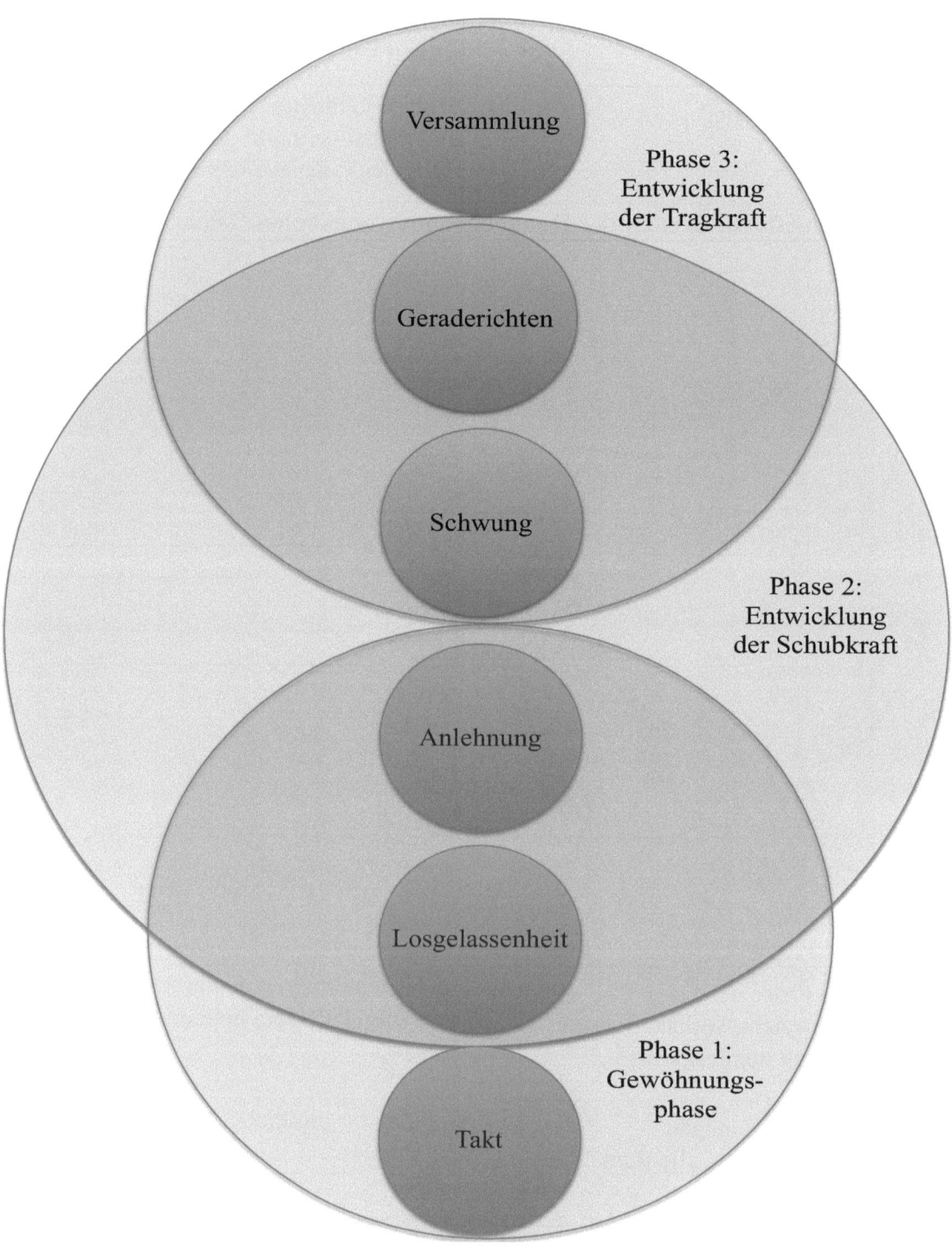

Merke: Die erfolgreiche Absolvierung aller Ausbildungspunkte führt zur größtmöglichen Durchlässigkeit!

Versuche, die Skala der Ausbildung zu beschriften!

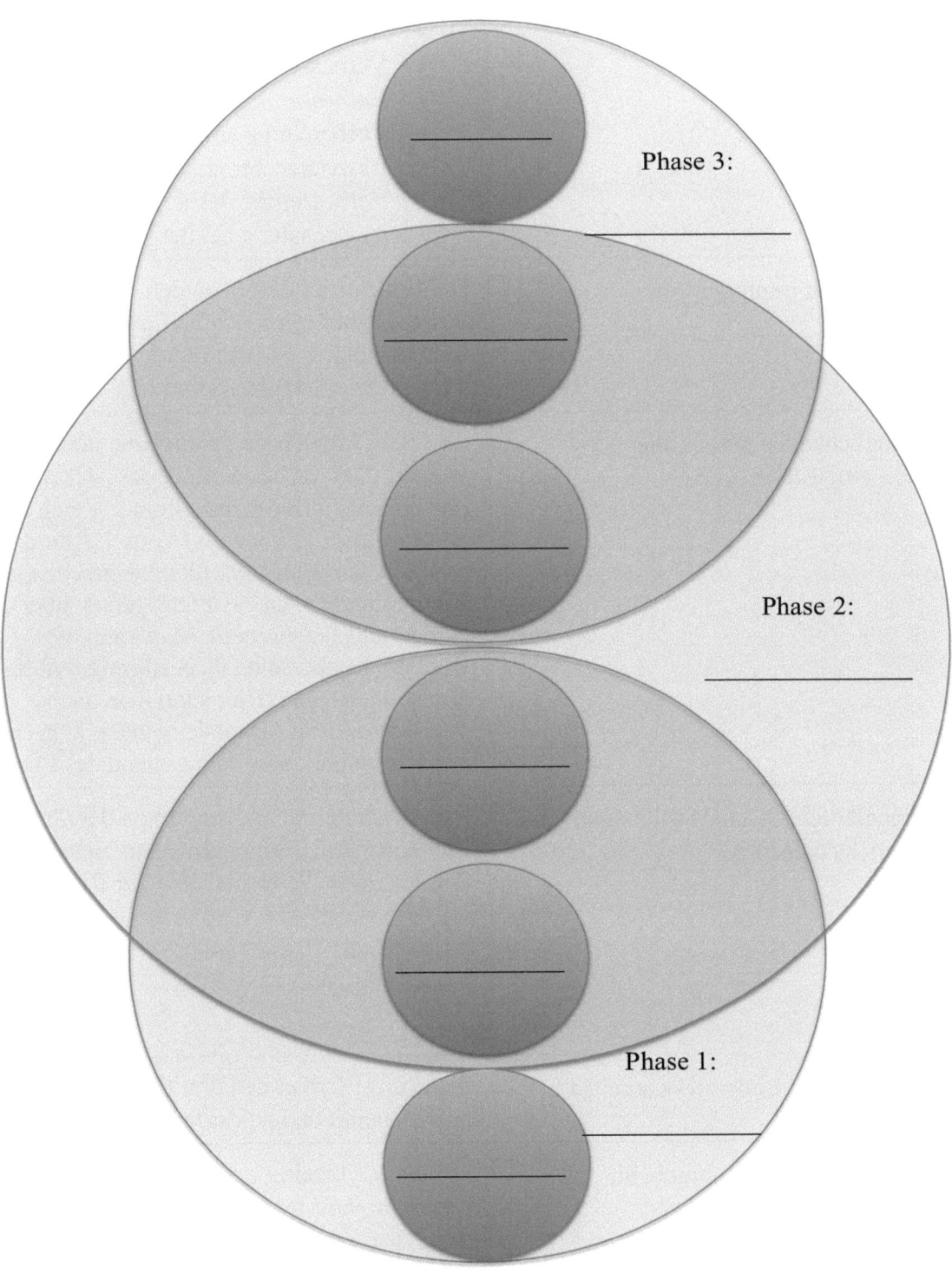

Phase 3: _____

Phase 2: _____

Phase 1: _____

Merke:

Kapitel 14: Bodenricks und Stangenarbeit

🐴 Welche Gründe gibt es, Bodenricks einzusetzen?	☐ Es gibt folgende Gründe: • Festigung des Taktes • Lösen des Pferdes • Verbesserung der Rückentätigkeit • Verbesserung der Trittsicherheit • Vorbereitung auf das Springen • Aktivieren der Hinterhand • Verbesserung des Schwungs • Abwechslung bei der Arbeit
🐴 Was beachtet man bezüglich der Bodenricks?	☐ Die Bodenricks dürfen an den Seiten keine Kreuze haben, da sonst die Longe darin hängen bleiben könnte. Für die Pferde sind die Kreuze auch eine Verletzungsgefahr.
🐴 Welche Möglichkeiten gibt es, die Bodenricks aufzustellen?	☐ Einerseits können sie parallel zueinander gelegt werden. Das hat den Vorteil, dass der Abstand zu den einzelnen Bodenricks immer gleich ist. Dies ist bei jungen Pferden von Vorteil. Allerdings muss der Longenführer hier entsprechen mit dem Pferd mitgehen, da das Pferd gerade über die Bodenricks laufen muss. Man kann die Bodenricks aber auch fächerförmig auf den Kreisbogen legen. Hier kann man auch unterschiedliche Abstände wählen, je nach Tagesform und Ausbildungsstand des Pferdes.
🐴 Welche ungefähren Abstände sollte man bei den Bodenricks einhalten?	☐ Die Abstände sind abhängig von der Größe, dem Fleiß und dem Trainingszustand eines Pferdes. Die folgende Werte sind also nur Richtwerte: • Schritt: ca. 0,80 m • Trab: ca. 1,30 m • Galopp: ca. 3,00 m
🐴 Wann kann man mit Bodenricks arbeiten?	☐ Wenn das Pferd in den drei Grundgangarten ausbalanciert und gelöst longiert werden kann.
🐴 Was beachtet der Longenführer beim Longieren über die Bodenricks?	☐ Er muss rechtzeitig zu den Bodenricks sehen, um den richtigen Abstand einzuschätzen. Er kann durch das Verlagern der Zirkellinie dem Pferd den optimalen Weg über das Bodenrick bereiten. Ist das Tempo oder der Abstand nicht passend, sollte der Longenführer das Pferd am Bodenrick vorbei longieren.

Kapitel 15: Die Dreiecksbahn

🐴 Was passiert auf einer Dreiecksbahn?	☐ Hier wird das Pferd an der Hand vorgestellt, um eine Eintragung in ein Zuchtbuch zu erreichen. Pferde werden auch auf Auktionen oder bei Körungen auf der Dreiecksbahn präsentiert.
🐴 Wie bereitet man das Pferd darauf vor?	☐ Das Pferd muss in einem hervorragenden Zustand sein. Das Fell muss glänzen, das Langhaar wird eingeflochten oder sauber gebürstet. Die Hufe sind gerundet und sauber, dürfen aber nicht gefettet sein, damit etwaige Mängel nicht verdeckt werden.
🐴 Wie rüstet man das Pferd aus?	☐ Das Pferd wird ausschließlich mit einer Reittrense vorgestellt. Bandagen und Gamaschen sind verboten.
🐴 Was muss der Führende bedenken?	☐ Der Führende trägt angemessene Kleidung und verzichtet auf Reitstiefel, da er damit nicht richtig laufen kann.
🐴 Was muss man alles auf der Dreiecksbahn vorführen?	☐ Der Führende zeigt auf der Dreiecksbahn die Gangarten Schritt und Trab, als auch eine Aufstellung des Pferdes von beiden Seiten.
🐴 Worauf achtet die Prüfungskommission?	☐ Diese wollen Takt, Fleiß und Raumgriff sehen. Das Pferd soll sich in Schritt und Trab frei und natürlich bewegen können.

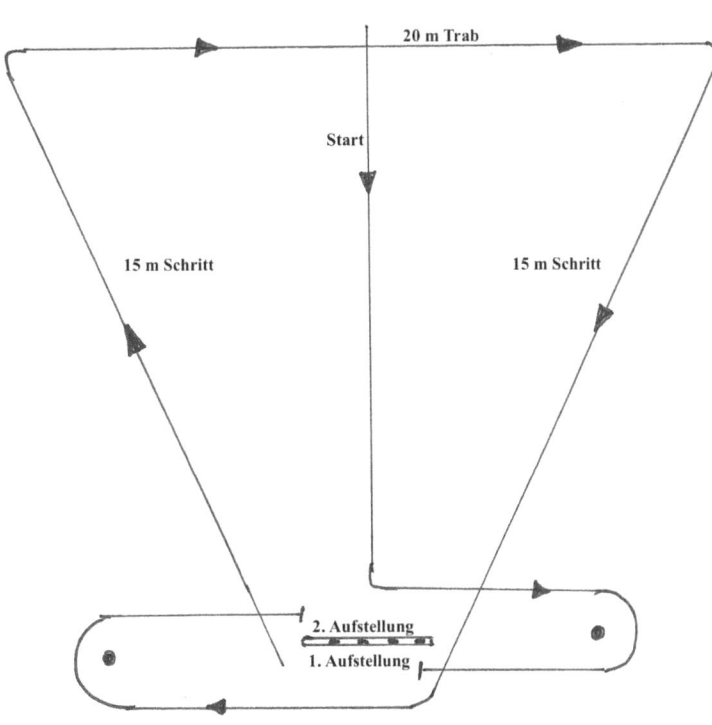

Versuche, deinen Weg durch die Dreiecksbahn aufzumalen!

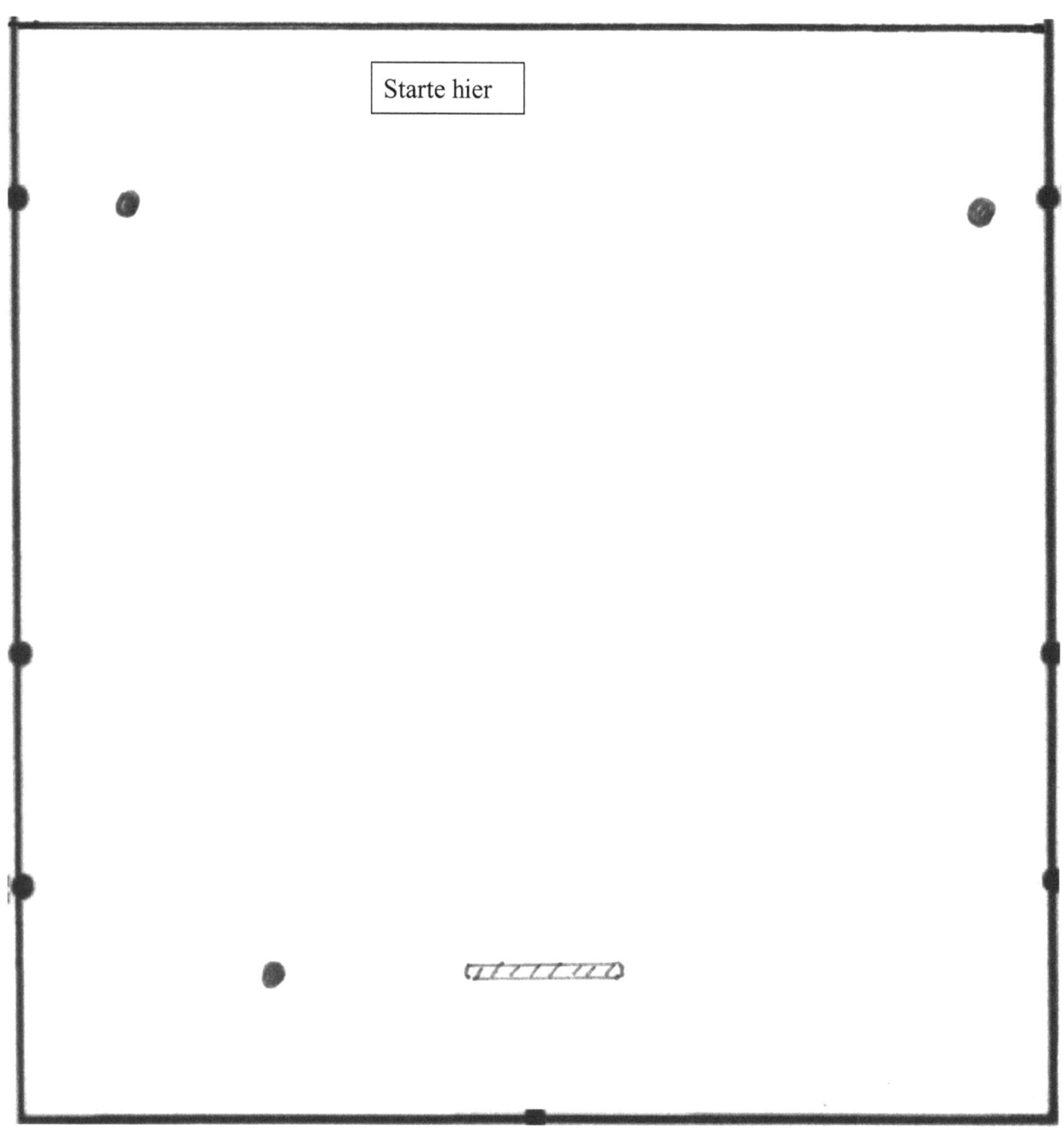

Kapitel 16: Systematische Desensibilisierung

🐴 Was ist eine systematische Desensibilisierung?	☐ Hier lernt das Pferd optische, akustische und taktile Reize, als auch Gerüche zu akzeptieren. Man setzt das Pferd diesen Reizen gezielt und mit steigender Tendenz aus und bringt damit dem Pferd bei, diese zu akzeptieren.
🐴 Was sind optische, akustische oder taktile Reize?	☐ Optische Reize sind Dinge, die das Pferd sehen kann, akustische Reize sind Geräusche und taktile Reize sind Berührungen.
🐴 Wie geht man bei einer systematischen Desensibilisierung vor?	☐ Hat das Pferd vor einer bestimmten Sache Angst, wird man versuchen, das Pferd damit zu konfrontieren. Dabei ist es wichtig, dies mit der gebotenen Vorsicht und in sehr kleinen Schritten zu tun. Diese Übungen muss man sehr konsequent und manchmal über einen langen Zeitraum einüben.
🐴 Wie gefährlich ist diese Arbeit mit dem Pferd?	☐ Wenn man das Pferd Reizen aussetzt, vor denen es Angst hat, kann es zu extremen Reaktionen kommen, die für Pferd und Ausbilder sehr gefährlich sein können.
🐴 Wer kann eine systematische Desensibilisierung durchführen?	☐ Die Desensibilisierung sollte ausschließlich von erfahrenen Ausbildern vorgenommen werden. Das Risiko, dass das Pferd traumatisiert oder verletzt wird ist für Laien nicht kalkulierbar. Außerdem kann für den Durchführenden eine erhebliche Verletzungsgefahr bestehen.
🐴 Welche Pferde durchlaufen diese Ausbildung grundsätzlich?	☐ Diese Ausbildung durchlaufen vor allem Polizeipferde, oder Pferde, die bei Paraden eingesetzt werden.
🐴 Was können Freizeitreiter für die Sicherheit tun?	☐ Gerade für Freizeitreiter ist es wichtig, das Pferd an alle unvorhersehbaren Ereignisse zu gewöhnen. Ein Pferd, das im Straßenverkehr und auch in der Natur unterwegs ist sollte weder für den Reiter noch für andere Menschen und Tiere eine Gefahr darstellen.

Kapitel 17: Tierschutzgesetz

🐴 Wo findet man die Gesetzestexte, die alle Tiere schützen?	☐ Sie stehen im Tierschutzgesetz.
🐴 Was steht im Paragraph 1 dieses Gesetzes?	☐ Niemand darf ein Tier ohne vernünftigen Grund leiden lassen oder ihm Schmerzen oder Schaden zufügen.
🐴 Wann erleidet ein Pferd ohne vernünftigen Grund Schmerzen?	☐ Wenn man das Pferd z.B. schlägt, es mit nicht angepasstem Sattel oder Trense reitet oder mit scharfen Gebissen oder Sporen reitet und diese unsachgemäß einsetzt.
🐴 Wann muss ein Pferd ohne vernünftigen Grund leiden?	☐ Wenn man das Pferd z.B. ohne Wasser und Sonnenschutz auf die Weide stellt, oder bei Krankheit den Tierarzt nicht ruft.
🐴 Wann erleidet ein Pferd ohne vernünftigen Grund einen Schaden?	☐ Wenn das Pferd z.B. zu hohe Hindernisse springen muss und sich dabei verletzt. Auch das Kupieren des Schweifs oder das Ausscheren der Ohren ist ein Schaden. Dies ist in Deutschland mittlerweile verboten.
🐴 Was bedeutet artgerechte Haltung?	☐ Es bedeutet: • Großer, heller, luftiger Stall • Kontakt zu anderen Artgenossen • Gründliche Pflege • Angemessene Fütterung • Ausreichende Bewegung
🐴 Darf der Reiter dünne Gebisse und /oder scharfe Sporen benutzen?	☐ Ja, aber nur wenn sie sachgemäß eingesetzt werden.
🐴 Wann verstößt ein Reiter gegen den Tierschutz, wenn er Hilfszügel benutzt?	☐ Wenn der Reiter mit den Hilfszügeln den Hals des Pferdes gewaltsam krumm zieht.
🐴 Hat das Pferd auch einen Tag in der Woche frei?	☐ Nein – das Pferd benötigt Bewegung und muss täglich bewegt werden.

Kapitel 18: Ethische Grundsätze Teil I und II

Teil 1:

🐴 Grundsatz Nr. 1	☐ Pferde brauchen Menschen. Wir tragen die Verantwortung dafür, dass es jedem Pferd gut geht.
🐴 Grundsatz Nr. 2	☐ Pferde müssen richtig versorgt werden: Pferde brauchen Pflege, Licht und Luft, Futter, Bewegung und Kontakt zu anderen Pferden.
🐴 Grundsatz Nr. 3	☐ Die Gesundheit geht vor: Gesundheit und Zufriedenheit des Pferdes sind wichtiger als Erfolg um jeden Preis.
🐴 Grundsatz Nr. 4	☐ Alle Pferde sind wertvoll: Alle Pferde, egal ob jung oder alt, Weidepony oder Turnierpferd verdienen Pflege und Zuneigung.
🐴 Grundsatz Nr. 5	☐ Pferde und Menschen haben eine lange Geschichte: Zwischen Menschen und Pferden besteht seit tausenden von Jahren eine enge Verbindung. Wir müssen bereit sein, von fremden Kulturen und früheren Zeiten zu lernen.
🐴 Grundsatz Nr. 6	☐ Pferde sind gute Lehrer: Pferde wissen, ob der Reiter ungeduldig oder unbeherrscht ist. Sie belohnen mit Freundlichkeit und Geduld. Dies sollten wir von den Pferden lernen. Das Pferd ist das Spiegelbild des Reiters!
🐴 Grundsatz Nr. 7	☐ Leistungen dürfen nicht erzwungen werden: Pferde haben verschiedenen Talente und Leistungsvermögen. Wir müssen die Grenzen der Pferde respektieren und die Leistungsfähigkeit nicht durch Gewalt, Zwang oder Medikamente beeinflussen.
🐴 Grundsatz Nr. 8	☐ Pferde und Menschen müssen miteinander lernen: Pferde und Menschen brauchen für den gemeinsamen Sport eine gute Ausbildung, die nie aufhört.
🐴 Grundsatz Nr. 9	☐ Pferde haben ein Recht auf ein würdiges Ende: Pferde werden nicht so alt wie Menschen. Auch am Lebensende lassen wir unser Pferd nicht im Stich und ersparen ihm unnötige Angst, Qual oder Schmerz.

Teil 2:

🐴 Grundsatz Nr. 1	☐ In einer Reitergemeinschaft muss ein respektvoller Umgang miteinander herrschen – unabhängig davon, wie gut jemand reiten kann oder welchen Wert Pferd und Ausrüstung haben.
🐴 Grundsatz Nr. 2	☐ Jeder Reiter soll darauf achten, dass alle Pferde nach den ethischen Grundsätzen behandelt werden. Sollte dies nicht so sein, ist er verpflichtet, denjenigen darauf anzusprechen und Hilfestellung anzubieten.
🐴 Grundsatz Nr. 3	☐ Erfolg oder Misserfolg hängen von den reiterlichen Qualitäten ab. Man soll versuchen, selbstkritisch nach den Fehlern zu suchen und nicht das Pferd für Misserfolge verantwortlich machen.
🐴 Grundsatz Nr. 4	☐ Ausbilder müssen einen fachlich fundierten Unterricht bieten, die Motivation und die soziale Kompetenz des Schülers fördern. Ausbilder sind immer ein gutes Vorbild und behandeln alle Schüler gleich.
🐴 Grundsatz Nr. 5	☐ Reitschüler bringen ihrem Ausbilder den nötigen Respekt entgegen und sprechen vertrauensvoll über ihre Ängste oder Sorgen. Emotionale Diskussionen helfen hier nicht weiter.
🐴 Grundsatz Nr. 6	☐ Eltern der Reitschüler wirken auf ihre Kinder motivierend ein und passen ihre Erwartungen an die reale Entwicklung ihres Kindes an.
🐴 Grundsatz Nr. 7	☐ Pferdebesitzer vertrauen ihre Pferde dem Stallbetreiber an. Dieser sorgt für eine artgerechte Haltung und ist offen für Diskussionen. Der Pferdebesitzer honoriert die Dienstleistung des Stallbetreibers.
🐴 Grundsatz Nr. 8	☐ Turnierrichter bewerten die Leistungen vorurteilsfrei.
🐴 Grundsatz Nr. 9	☐ Der Reiter muss das Urteil des Richters akzeptieren. Sollte er eine Entscheidung nicht verstehen, führt man ein klärendes Gespräch und unterlässt es, laut oder ausfallend zu werden.
🐴 Grundsatz Nr. 10	☐ Wer mit Pferden handelt, muss die gesetzlichen Vorschriften kennen und dafür Sorge tragen, dass sowohl Pferd als auch zukünftiger Besitzer gut zueinander passen.
🐴 Grundsatz Nr. 11	☐ Wer eine leitende Position in der reiterlichen Vereinigung inne hat, sollte immer ein gutes Vorbild sein und sich um den ordnungsgemäßen Ablauf in den Reitställen, dem Verband und auf Turnieren kümmern. Außerdem gehört es zu seinen Pflichten, in der Politik, der Wirtschaft und der Landwirtschaft die Anliegen der Reiter und Züchter zu vertreten.
🐴 Grundsatz Nr. 12	☐ Jeder Reiter kann die Angebote seines Verbandes nutzen. Alle, die ehren- oder hauptamtlich diese Angebote betreuen, verdienen Anerkennung und Unterstützung.

Kapitel 19: Bodenarbeit

Was versteht man unter Bodenarbeit?	☐ Die Bodenarbeit beinhaltet vielerlei Übungen, die man mit dem Pferd zu Fuß ausführt.
Was ist das Ziel der Bodenarbeit?	☐ Das Pferd soll sich willig in Richtung, Gangart und Tempo kontrollieren lassen. Führender und Pferd müssen sich dabei gut verständigen können. Der Führende sieht nach vorne und hält sich gerade.
Welche Ausrüstung benötigt der Führende?	☐ Festes Schuhwerk, Handschuhe und bei Bedarf eine Gerte.
Wie ist das Pferd ausgerüstet?	☐ Das Pferd benötigt ein gut sitzendes Halfter und einen Führstrick mit Karabinerhaken. Es kann auch mit Trense geführt werden.
Wie lauten die Hilfen der Bodenarbeit?	☐ Die wichtigsten Hilfen sind die **Stimmhilfe**, **Führposition** und die **Körperhaltung**. Die Kommandos lauten: „**Scheritt**, **Terab** und **Haaalt**".
Wie setzt man die Gerte ein?	☐ Die Gerte wird eingesetzt, wo üblicherweise der Schenkel liegt. Dazu benötigt man eine etwas längere Gerte.
Einige Übungen zur Bodenarbeit:	☐ Es gibt folgende Übungen: • Führen von Punkt zu Punkt • Wenden des Pferdes • Rückwärtsrichten • Führen über Stangen • Führen durch einen Parcours • Führen von Hufschlagfiguren • Tempo innerhalb der Gangarten verändern • aber auch Loslassen auf der Weide, zur Seite weichen lassen, Passieren etc.
Von welcher Seite wird geführt?	☐ Man sollte sich angewöhnen, das Pferd von beiden Seiten zu führen.
Wie führt man das Pferd mit Trense?	☐ Die Zügel werden vom Hals genommen. Die linke bzw. rechte Hand teilt den Trensenzügel mit Zeige- und Mittelfinger auf, die Zügelenden werden gefaltet und vom Daumen gehalten. Alternativ kann auch mit beiden Händen geführt werden. Die Zügel werden nur zur Absicherung beim Führen genutzt!

🐎 Was bedeutet Geschicklichkeitstraining?	☐ Hier wird das Pferd nach Absolvierung der üblichen Bodenarbeit über am Boden liegende Stangen und durch Stangenparcours geführt. Das Pferd lernt hier Geschicklichkeit, wird geschmeidig und ausgeglichen und verliert die Angst vor Stangen und Hindernissen. Es ist eine schöne Abwechslung für Pferd und Führenden und fördert die Kommunikation zwischen den beiden Partnern.
🐎 Welche Übungen gibt es dafür?	☐ Es gibt unterschiedlichste Aufbaumöglichkeiten: • Halten über einer Stange • Stangen – L • Stangenlabyrinth • Unregelmäßige Stangereihe • Stangenkreuz • Stangenfächer
🐎 Was ist das Ziel dabei?	☐ Hier werden die Aufmerksamkeit, Koordination und Balance trainiert.
🐎 Was bedeutet Gelassenheitstraining?	☐ Hier wird das Pferd mit alltäglichen Situationen konfrontiert, um Ängste des Pferdes langsam abzubauen. Man nutzt dabei die angeborene Neugier der Pferde. Dies muss behutsam und stufenweise trainiert werden. Voraussetzung dafür ist, dass das Pferd den Führenden als ranghöheren Partner akzeptiert hat und sich ihm anvertraut.
🐎 Welche Übungen gibt es dafür?	☐ Hier gibt es viele Möglichkeiten, denn jedes Pferd hat andere Ängste. Ein paar Tipps: • Regenschirm • Sack mit raschelndem Inhalt • Plastikplane • Flatterbänder • Podeste und Wippen • Bälle
🐎 Was ist das Ziel dabei?	☐ Der Fluchtinstinkt soll reduziert und Vertrauen zum Führenden aufgebaut werden. Übt man mit mehreren Pferden, Sicherheitsabstand wahren! Sichere Pferde vormachen lassen.

So können verschiedene Aufgaben aussehen:

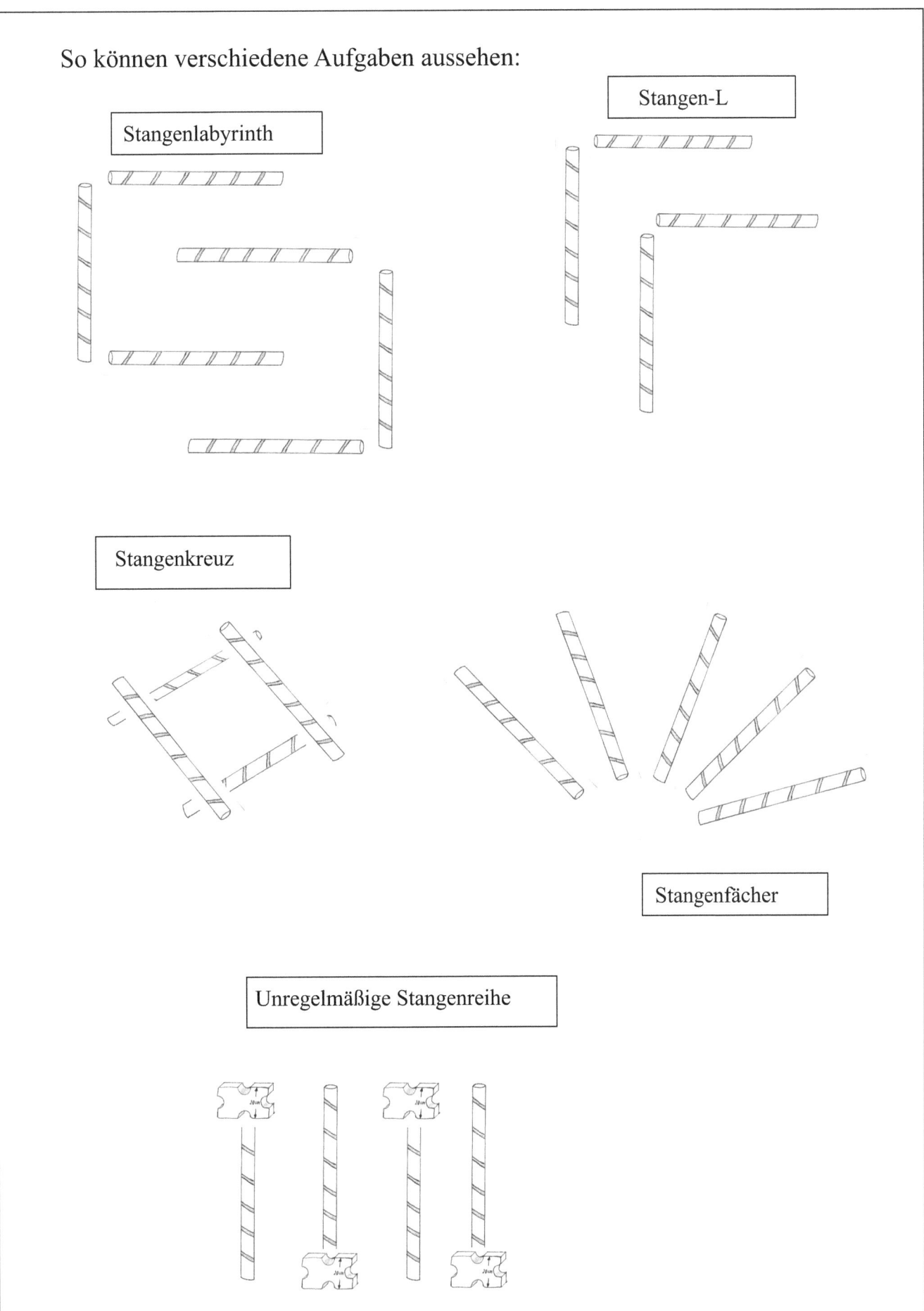

Führaufgabe für das Longierabzeichen 5

G	Aufstellung, dann im Schritt anführen, Führposition ist rechts
C	Abwenden auf linke Hand
H	Antraben
K	Schritt, Halt, Führposition wechseln, Anführen im Schritt
A	Antraben, auf den Zirkel
X	Halten, Rückwärts richten, Anführen und aus dem Zirkel wechseln
Nach C	Fächer
M	Ganze Bahn, Gangmaßwechsel im Schritt
A	Abwenden auf die Mittelinie, Antraben
G	Halten

Zeichne die Führaufgabe in das Dressurviereck ein!

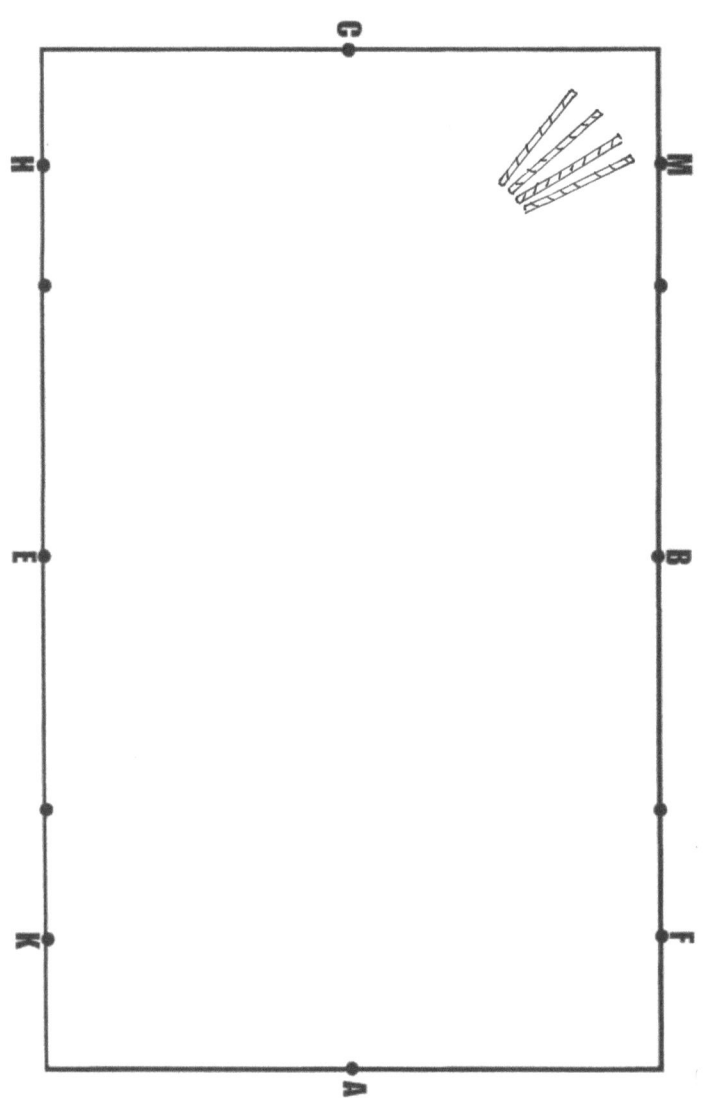

Zielsetzung für eine Longiereinheit:

Longenführer:	
Pferd:	
Alter des Pferdes:	
Geschlecht des Pferdes:	
Eltern des Pferdes:	
Gewählte Hilfszügel:	
Zielsetzung der Einheit:	
Ablauf der Einheit:	

Praktische Prüfungen für das LA 5

für _____

Am Pferd: bestanden am:

Ausrüsten des Pferdes zur Longenarbeit	
Verschlaufen der Steigbügel	
Anlegen von Ausbindern	
Anlegen von Dreieckszügeln	
Anlegen von Laufferzügeln	
Verschnallen der Longe	

Longenarbeit: bestanden am:

Korrektes Anlongieren	
Korrekte Handhabung der Longierleine	
Korrekter Einsatz der Longierpeitsche	
Korrekter Einsatz der Stimmhilfe	
Korrekter Handwechsel mit Anhalten	
Longieren im Schritt auf beiden Händen mit Halten	
Longieren im Trab auf beiden Händen	
Longieren im Galopp auf beiden Händen	
Longieren über Bodenricks	
Probeprüfung LA 5	

Bodenarbeit: bestanden am:

Training mit Bodenricks und Stangen	
Dreiecksbahn	
Systematische Desensibilisierung	

Theoretische Prüfungen für das LA 5

für _____

Thema	Seite	bestanden am:
Kapitel 1: Ziele der Longenarbeit	4	
Kapitel 2: Räumlichkeiten zum Longieren	5	
Kapitel 3: Ausrüstung des Longenführers	6	
Kapitel 4: Ausrüstung des Pferdes	7,8	
Kapitel 5: Hilfszügel	9 - 12	
Kapitel 6: Anlegen der Longierleine	13	
Kapitel 7: Umgang mit der Longierleine	14,15	
Kapitel 8: Umgang mit der Longierpeitsche	16	
Kapitel 9: Umgang mit der Stimmhilfe	17	
Kapitel 10: Zusammenwirken der Hilfen	18	
Kapitel 11: Grundsätze des Longierens	19 -21	
Kapitel 12: Korrekte Gangarten	22 -24	
Kapitel 13: Skala der Ausbildung	25 - 29	
Kapitel 14: Bodenricks und Stangenarbeit	30	
Kapitel 15: Die Dreiecksbahn	31,32	
Kapitel 16: Systematische Desensibilisierung	33	
Kapitel 17: Tierschutzgesetz	34	
Kapitel 18: Ethische Grundsätze Teil I und II	35,36	
Kapitel 19: Bodenarbeit	37 - 39	

Impressum

© 2025 Ute Schmidt
Hamburg

Kontakt:
E-Mail: ute@tschmidt.de

Verlag: BoD · Books on Demand GmbH,
In de Tarpen 42, 22848 Norderstedt, bod@bod.de
Druck: Libri Plureos GmbH, Friedensallee 273,
22763 Hamburg
ISBN: 978-3-7412-3745-4